G. MORAN

Directeur de la Revue d'Études Militaires

LA
CAMPAGNE DE 1809
en Italie

(ÉTUDE ANALYTIQUE)

Deuxième Édition

REVUE D'ÉTUDES MILITAIRES
24-26, Rue de Lyon, PARIS
1913

LA CAMPAGNE DE 1809 EN ITALIE

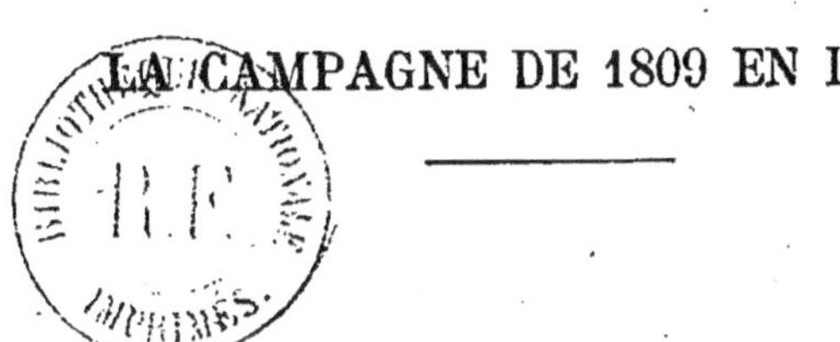

COLLECTION DE LA REVUE D'ÉTUDES MILITAIRES
publiée sous la direction
DE
G. MORAN, *Directeur de la Revue d'Études*

G. MORAN

Directeur de la Revue d'Études Militaires

LA

CAMPAGNE DE 1809

en Italie

(ÉTUDE ANALYTIQUE)

Deuxième Édition

REVUE D'ÉTUDES MILITAIRES
24-26, Rue de Lyon, PARIS

1913

Introduction Nécessaire

A la compréhension de notre étude, quelques notions (1) sont nécessaires :

I. — Étude Analytique.

« Analyser une question, c'est la disséquer, la découper en morceaux multiples, qu'on étudie séparément.

En faire la Synthèse, c'est rassembler ces morceaux et les rassembler de telle sorte que les différentes études partielles se groupent en une étude totale, qui fasse ressortir les Idées Générales (2) découvertes dans l'Analyse. »

(Revue d'Études Militaires du 15 mai 1913).

Toute composition est une Synthèse; toute étude est une Analyse : Nous avons donc donné à notre étude une facture **analytique**.

II. — Analyse et Synthèse.

« La Guerre, a dit Jomini, est un « drame effrayant et passionné ».

Ce drame « effrayant et passionné », il faut montrer que vous, candidat, vous l'avez vécu ; il faut, à moi, correcteur, me le faire vivre..... Pour comprendre ce drame, il faut que nous sachions où il va se jouer et dans quel décor : il faut que nous connaissions les acteurs. Si ces deux conditions ne sont pas remplies, la campagne ne sera pour nous qu'une « manœuvre de pions sur un échiquier ». Dans notre Synthèse, nous ferons donc deux parties :

---

(1) La 1re édition ne contenait pas ces notions ; elle était en effet destinée aux seuls abonnés de la Revue d'Études Militaires, habitués à les « remuer » sans cesse. (Note de l'auteur.)

(2) Voir Introduction, III.

Dans l'une :

> Brosser la scène où se jouera le drame;
> Camper les acteurs qui le joueront.

Dans l'autre :

> Jouer le drame.

Tout le devoir tient en ces trois termes. »

(Annexe à la Revue d'Etudes militaires du 1er août :
La Composition d'Histoire au premier degré.)

Or, l'Analyse est faite en vue de la Synthèse.

Notre Analyse présentera donc **ces deux parties,** comme la Synthèse.

III. — L'Idée Générale (l'I. G.).

« Dans un tableau, tout n'est pas au même plan. Clignez des yeux....... un certain nombre d'objets se détachent. Dans une carte d'E. M. tenue à bout de bras, les parties à pente forte sont saillantes.

Il doit en être de même dans notre composition : de toute campagne, il est possible de déduire une ou plusieurs Idées Générales ; dans une composition bien faite, ces I. G. font saillie, attirent à elles et retiennent malgré lui l'esprit du correcteur, content de se voir sans effort personnel placé dans une atmosphère de simplicité et d'envergure à la fois....... »

(Même annexe à la Revue d'Etudes Militaires du 1er août.)

Cette I. G., nous la **déduisons** donc de l'Analyse.

IV. — Découpage de la Campagne.

Le découpage d'une campagne doit être basé sur les deux principes suivants :

« *Principe I.*

Tout plan de guerre doit comprendre deux parties : la première est la défaite de l'armée ennemie dans une Bataille décisive ; la deuxième est la conquête de la capitale.

Principe II.

Une campagne est une série d'actes stratégiques aboutissant à une grande Bataille (Foch). »

(Revue d'Etudes Militaires du 1er mai 1913.)

V. — La Tactique et l'Histoire.

« L'Histoire doit nous fournir des enseignements. »
Nous ne cherchons donc pas à faire de l'Histoire pour elle-même, mais pour en tirer les enseignements possibles.

VI. — Le « Bloc » en Histoire.

Nous renvoyons sans cesse à d'autres campagnes.

Car : 1° Voir V. La Tactique et l'Histoire ;
2° « L'étude d'une campagne dépend essentiellement de l'étude des campagnes précédentes ; elle est indispensable à l'étude des campagnes suivantes. »

(Revue d'Etudes Militaires du 15 septembre 1913.)

CAMPAGNE DE 1809 EN ITALIE

L'Analyse est faite en vue de la Synthèse (Voir Introduction, II).

Nous étudierons donc :

Dans un Chapitre premier :   LES ÉLÉMENTS DU DRAME.

Dans un Chapitre deuxième : LE DRAME.

(Voir Introduction, II).

ABRÉVIATIONS

A. I.   = Armée d'Italie.
A. A.   = Armée d'Allemagne.
Ar. J.   = Archiduc Jean.
Pr. E.   = Prince Eugène.
D^{on} = Division.

Les ÉLÉMENTS du DRAME

I. — Le Cadre

Le voir d'Italie, mais en le rapportant à l'Allemagne, théâtre **principal** ;
Étudier ce cadre dans n'importe quel cours ou livre.

Noter tout d'abord que nous devons étudier le Cadre-Italie *dans* le Cadre d'ensemble ; réfléchir à cette notion essentielle ; ne passer au § suivant qu'après avoir **vu** le Cadre.

II. — Les Causes

Les étudier dans n'importe quel Cours ou Livre (1809 en Allemagne).

Y ajouter cette notion :

Pourquoi la guerre en **Italie** (théâtre **secondaire**) ? Les Autrichiens en font eux aussi un théâtre **secondaire**.
Voir 1800 : l'Italie théâtre principal.
Se rendre compte combien, à l'école de Napoléon, ses adversaires s'instruisent.

III. — La Scène

Cartes nécessaires : Celles nécessaires pour 1796-97.
     Dans la 2ᵉ partie de la campagne, carte de
    1809 en Allemagne.

Revoir en pensée (et re-étudier s'il y a lieu) le théâtre des opérations de 1796-97 de l'Adige à Vienne.

IV. — Les Acteurs

A. — Les Armées.

a) « **L'Armée d'Italie** sera une et ne sera pas divisée en C. A. (1) (ordre de Napoléon).

Conséquence didactique de cette organisation (2) : nous devons connaître :

Le général en chef (Voir plus loin),
Les D^ons et leurs chefs.

Le 10 avril 50.000 hommes (ira à 100.000) répartis en :

5 D^ons françaises : Séras, Broussier, Grenier, Lamarque, Barbou.
3 D^ons de cavalerie.
3 D^ons italiennes : Severoli, Fontanelli, Lecchi.

1° Réfléchir à cette organisation, au principe des 5 sous-ordres (Napoléon);
2° Réfléchir à : les étrangers entrent en 1809 dans l'armée napoléonienne. Inconvénient ; inconvénient des armées non homogènes; moral diminué.

« L'artillerie de campagne et les parcs de réserve n'avaient pas les chevaux nécessaires, et jamais on ne put avoir un équipage de pont. L'administration n'avait pas de moyens de transport : 7 à 800 malades furent abandonnés dans les hôpitaux d'Udine, et on resta longtemps sans faire de distributions. Il en résulta qu'on vécut de pillage « dans un pays qui aurait pu nourrir l'armée de Xerxès ». On ne sait comment expliquer tant d'imprévoyance. Voulait-on que les Italiens ne crussent pas à la possibilité d'une guerre qui pourrait changer leurs destinées? Le vice-roi répugnait-il à fatiguer par des réquisitions une population qu'il aimait et sur laquelle il espérait régner un jour? Croyait-il lui-même à la continuation de la paix? »

(Gén. LAMARQUE.)

---

(1) Cependant deux ou même trois divisions pouvaient être réunies sous les ordres d'un lieutenant-général. Le Pr. E. devait avoir deux lieutenants-généraux.
(2) Une notion analogue s'applique au C. A. en 1805, à l'Armée en 1812.

En tirer des conclusions au point de vue composition (donc au point de vue I. G. .

a') Du côté autrichien.

Le 10 avril, 50.000 h. en 2 C. A.

VIIIe C. A.   Albert Giulay.
IXe C. A.   Ignace Giulay.

aidée d'un corps d'insurgés du Tyrol (10.000 h.) sous Chasteler.

Gros progrès depuis 1805 au point de vue Matériel (Voir 1809 en Allemagne).

Pour Moral, voir 1809 en Allemagne.

a'') Marmont est en Dalmatie.

B. — Les Chefs.

PRINCE EUGÈNE	ARCHIDUC JEAN
28 ans. Caractéristique : n'a aucune notion de la guerre.	Caractéristique : médiocre.
(Quelle sera donc sans doute notre I. G. ?)	
Voir lettre de Napoléon du 30 avril (Annexe à la Première Partie).	
Choisi parce que : 1° *beau-fils de Nap.*	Jaloux de son frère, l'archiduc Charles, cherche à se distinguer — sera indépendant *a priori.*
(Réfléchir à l'influence de la race du chef, corse ; aux conséquences du népotisme napoléonien.)	
2° *vice - roi d'Italie.*	
(Voir plus haut citation Lamarque.)	
NOTA. — A été aide de camp de Bon., son beau-père, en Egypte. Chef d'escadron à Marengo. Colonel de chasseurs - guides en 1802 (21 ans !). Général de brig. en 1804.	NOTA. — A commandé, en 1800, l'Armée d'Allemagne — battu par Moreau à Hohenlinden.

CONCLUSION du Chapitre Premier

' Dès à présent, quelle sera vraisemblablemént l'I. G. ?

Nous pouvons dire que nous trouverons, *à coup sûr*, étant donnée l'impéritie des chefs, à prouver *négativement* l' « Importance du Commandement ».......

CHAPITRE DEUXIÈME

LE DRAME

Nous avons indiqué dans la marge les grandes dates correspondantes de l'A. A. : Ne pas oublier que (surtout dans la Deuxième Partie de la campagne) le théâtre d'Italie, théâtre *secondaire*, dépend du théâtre principal *ou en doit dépendre ; toujours* voir les opérations du théâtre d'Italie dans le cadre d'ensemble (Voir Chapitre premier, I).

A. - Aperçu d'ensemble de la Campagne

Etant donnée la facture habituelle des livres d'enseignement actuels, celui qui veut étudier une campagne commence par feuilleter le livre, par jeter un **coup d'œil d'ensemble.** Celui-ci permet déjà une première notion du découpage logique de la campagne, des grandes lignes de celle-ci.

L'objet de cet aperçu est de remplacer ce coup d'œil d'ensemble, cette première lecture.

I. — *a)* Le 10 avril, la déclaration de guerre précède l'attaque de *une* heure ; n'ayant pas sa sûreté stratégique, le Pr. E., *surpris*, se concentre en arrière sur la Livenza ; il y prend un dispositif défensif, linéaire. *b)* Il est, *par suite*, battu à Sacile. *c)* Il recule, battu, *sans combat*, sur l'Adige.

d) A ce moment, l'Arch. Charles, vaincu sur le théâtre principal, rappelle l'Ar. J. Changement de décor : les Autrichiens battent en retraite ; le Pr. E. les poursuit, ou plutôt les suit. Il les atteint sur la Piave, à San-Daniele (au delà du Tagliamento), à Tarvis, à San-Michele.

II. — Le Pr. E. fait alors sa jonction avec l'A. A.; *e)* Nap. l'envoie à la poursuite de l'Ar. J., d'où bataille de Raab; *f)* il le rappelle à la Bataille (Wagram).

Essayer (procédé à la fois éducatif et mnémotechnique) de faire le Découpage de la Campagne avant de consulter notre Découpage.

B. - Découpage de la Campagne [1]

(en même temps plan de notre étude)

Première Partie

L'A. I. INDÉPENDANTE DE L'A. A.

(10 avril — 26 mai)

1er Acte
(10-14 Avril)

La surprise stratégique de l'A. I.
La Concentration en arrière sur la Livenza.

2e Acte
(10 Avril-1er Mai)

L'offensive autrichienne.
a) Marche en avant ;
b) La bataille de Sacile (16 Avril) ;
c) Les suites de la bataille (retraite française sur le Caldiero).

3e Acte
(1er-25 Mai)

Le Pr. E. suit l'Ar. J. en retraite.
a) Marche à la Piave. Combat de la Piave (8 Mai) ;
b) Marche au Tagliamento. Combat de San-Daniele (11 Mai) ;
c) Combat de Tarvis (17 Mai) ;
d) Combat de San-Michele (25 Mai).

Deuxième Partie

L'A. I. JOINTE A L'A. A.

(26 mai — 6 juillet)

1er Acte
(5-29 Juin)

La Poursuite de l'Ar. J. par l'A. I.
a) Marche à l'ennemi (5-14 Juin) ;
b) Bataille de Raab (14 Juin) ;
c) Les suites de la bataille.

2e Acte

A la Bataille : Wagram (6 Juillet).

---

(1) Dans une étude analytique personnelle, ce plan est déduit d'une première lecture — remanié pendant et après l'étude analytique de la campagne — mis au point définitivement, après une première étude *totale* de l'histoire, au cours d'une deuxième étude *totale*.

Remarques sur le découpage :

a) La campagne a été partagée *stratégiquement* en deux parties : Voir comment, dans la 2ᵉ partie, l'A. I. dépend plus étroitement de l'A. A.

b) Chacune des deux parties a été partagée *en actes stratégiques;* aucun des deux chefs ne recherchant la Bataille, comprendre la difficulté de l'application ₁*intégrale* des principes posés dans l'Introduction, IV. Voir comment nous les avons appliqués autant que possible.

c) Par contraste, voir la netteté de ce partage quand le chef cherche la Bataille (Voir 1866).

d) Voir comment, dans notre Plan, nous sommes forcés (Première Partie), voulant nous placer du côté de celui qui mène la manœuvre, de passer de l'Ar. J. au Pr. E.

Exercice : Relire l'aperçu d'ensemble *à la lueur* du Découpage et réciproquement.

C. = Le Drame

Première Partie

L'A. I. INDÉPENDANTE DE L'A. A.

Réfléchir, en relisant ce Titre, au danger de mettre comme **stratège** un incapable.

Iᵉʳ ACTE

La surprise stratégique de l'A. I.
La Concentration en arrière sur la Livenza

Voir de suite la Conclusion du Chapitre premier : Comment va s'appliquer notre I. G.

A. — Un parlementaire annonce le 10 avril, à 5 h. matin, au poste de Pontebba, que la guerre est déclarée; à 6 h. le poste est attaqué.

Réfléchir à la question : les déclarations de guerre.

L'A. I. occupe des garnisons ; pas de dispositif de sûreté stratégique. C'est donc *la surprise stratégique* complète.

Exercice :

1° Prendre la carte de l'Oglio à l'Isonzo ; y placer les zones de cantonnement des Dᵒⁿˢ d'après les indications suivantes :

    Dᵒⁿ Séras : cercle (rayon, 13 kil.) passant par Udine, Cividale du Natisone, Palma Nova.

    Dᵒⁿ Broussier : ellipse passant par Codroïpo, Villanova, Udine : 40 K./20.

    Dᵒⁿ Grenier : ellipse (30 K./15), foyers : Sacile et Conegliano.

    Dᵒⁿ Barbou : ellipse (60 K./25) s'allongeant entre Brenta et Piave, par Feltre, Bassano, Trévise.

    Dᵒⁿ Lamarque : ellipse (60 K./10), foyers : Vicence et Vérone.

    Dᵒⁿ Severoli : cercle 25 kil. de rayon, environs de Padoue.

    Dᵒⁿ Fontanelli : cercle 10 kil. de rayon, centre Montechiaro (sur la Chiese).

    La Cavalerie est en arrière.

2° Jeter de haut un coup d'œil sur le dispositif de votre croquis ;

3° Vous représenter ce qui *doit* arriver en cas d'attaque en force sur l'un des points ;

4° Comparer avec le dispositif bien connu des cantonnements en 1806, avec le dispositif moins connu de l'armée du Bas-Rhin (Blücher) en 1815 ;

5° Comparer avec la concentration projetée des armées allemandes en 1870-71 ;

6° Dans un domaine moins vaste comparer avec le dispositif de Bonaparte le 10 avril 1796.

Broussier est attaqué le 10. Que décide le Pr. E. ? *se replier* sur le Tagliamento, autrement dit : livrer à l'ennemi, sans combat, l'espace compris entre Isonzo et Tagliamento. Le 12 soir, il est sur le Tagliamento avec les Dᵒⁿˢ Séras, Broussier, Grenier ; la Dᵒⁿ Barbou peut le rejoindre en un jour. Le 13, les Autrichiens n'attaquent pas ; le Pr. E. recule **jusque la Livenza,** sur Sacile !

(Notre I. G. !)

Qu'eût voulu Napoléon ? *Évidemment* que l'A. I. *prît l'offensive.* Or son dispositif préparatoire ne le lui permet pas. Il eût fallu prévoir et préparer cette offensive.

Rapprocher ces considérations des instructions données par Napoléon à Berthier, au sujet de la réunion de l'A. A. ;

Réfléchir à cette question de l'offensive *par les actes* : un vrai chef vous reprochera toujours de ne pas la prendre, ne vous reprochera jamais de l'avoir prise.

« Cette retraite semble dictée par le projet de grouper plus rapidement l'armée, mais cette manière de faire n'est pas conforme aux principes posés par Napoléon. »

B. — Dispositions prises sur la Livenza.

Linéaires : déploiement prématuré ; réserve faible.

Position mauvaise (marécageuse) ; rivière à dos contre ennemi supérieur et ayant réuni ses forces ; le Pr. E. projette une bataille offensive-défensive !

Voir qu'un chef ignorant prendra toujours des dispositions linéaires.

Critiques de ce § :

On ne livre pas une telle zone de terrain sans combat ;
Le Pr. E. ne peut plus combiner ses efforts avec Marmont ;
Le Pr. E. ne peut plus combiner ses efforts avec l'A. A.;
Le Pr. E. craint Chasteler qui est à Brunecken avec les insurgés tyroliens : Or 105 kil. de Brunecken à Sacile et il y a devant Chasteler la D°ⁿ Fontanelli.

(Voir dans ce § l'application de l'I. G.)

IIᵉ ACTE

L'offensive autrichienne

a) **Marche en avant.**

Marche le 14, toutes forces réunies. Le 15, l'A. A. se heurte à Pordenone à l'*Avant-ligne* du Pr. E. et la repousse.

« Les troupes du Gén. Sahuc étaient mal placées ; mais une circonstance contribua beaucoup à la catastrophe : le temps était affreux ; la pluie tombait par torrents et il fut impossible au 35ᵉ Rég., qui fut fait prisonnier, de faire usage de ses fusils. »

(Gén. LAMARQUE.)

b) **La bataille de Sacile** (16 avril).

L'A. I. a disposé ses forces sur trois lignes.

Le Pr. E. l'attaque ; mais, parti d'un dispositif linéaire (Voir plus haut), il attaque sur tout le front avec des forces à peu près également ment réparties ; il n'a comme masse de manœuvre qu'une D^{on} ; la D^{on} Lamarque n'est pas à la bataille.

A) Jusque 17 heures, combat d'usure (**phase de préparation** d'une bataille) : du côté français pas de plan, pas de manœuvre possible ; du côté autrichien, l'Ar. J. n'emploie pas sa troisième ligne....... D'où attaques et contre-attaques partielles sans résultat décisif.

B) A 17 heures, le Pr. E. se croit battu et ordonne la retraite. Les Autrichiens se portent mollement en avant.

Caractéristique du côté autrichien : L'Ar. J. n'emploie pas tout son monde, confiant dans sa supériorité numérique ; il ne recherche pas l'écrasement (Voir Revue 9); pas de Poursuite.

Caractéristique du côté français :

1° Mauvaises dispositions : -

> « Sacile avait été laissé à découvert ; c'était le point imimportant où se trouve le pont sur la Livenza : le pont fut pris et 4 D^{ons} coupées ; sans la nuit, c'était 20.000 prisonniers. (Gén. LAMARQUE.)

2° Pas de réserve pour coup décisif. Phase de préparation, sans plan, sans manœuvre, contre un ennemi supérieur.

> Réfléchir aux désavantages évidents dans ce cas du combat de front.

3° Le Pr. E. croit le soir la bataille perdue. Elle est donc perdue ; il bat en retraite : « Dès que le mot de retraite a été prononcé, le désordre a gagné les rangs. »

> Du moral dans la bataille.

c) **Les suites de la bataille** (17-27 avril).

Le Vice-Roi ne voit de salut que dans l'occupation de la « position » de Caldiero, près de Vérone (Notre I. G. !)

Où mène l'esprit linéaire-défensif? A l'ocupation néfaste de « positions » : Comparer 1870 côté français.

Dès le 17 Avril, la retraite commence « avec une confusion et un désordre tels que l'imagination ne saurait se les dépeindre ». Qu'eût-ce été s'il y avait eu poursuite ? : l'armée est **suivie** par des détachements ennemis (17-27 Avril).

Juger d'une part la retraite, d'autre part la poursuite ;
Opposer la retraite du Pr. E. à l'offensive foudroyante de Nap. ; voir lettre de Nap. au Pr. E. du 30 avril (Annexe à la Première Partie).
Des difficultés de la retraite ; comment une retraite peut démoraliser l'armée la plus forte. « 50 hussards auraient pris 20.000 hommes ». (Gén. LAMARQUE.)

Le 22, le Pr. E. avait procédé à une répartition nouvelle de son armée en 4 groupes :

1° L'aile droite sous Macdonald : 2 D^{ons}, 1 Brig. de Dragons.
2° Le centre sous Grenier : 2 D^{ons}, 1 Rég. de Hussards.
3° L'aile gauche sous Baraguay d'Hilliers : 2 D^{ons}, 1 Rég. de Dragons.
4° La Réserve : *1 D^{on} attendue de Naples*, la garde italienne et 2 D^{ons} de Cav.

Comment *a priori* cette répartition donne une impression linéaire ;
Comment la réserve est sacrifiée ;
Comment cette organisation est peu souple, étant en apparence définitive comp. à l'institution des C. A.

Après une marche très pénible, le Pr. E. atteint le Caldiero : « nous nous trouvâmes adossés au fleuve dont nous voulions empêcher le passage » (27 Avril).

Vous rappeler Arcole (terrain) ; voir le danger de cette « position ».

IIIe ACTE

Le Pr. E. suit l'Ar. J. en retraite

a) **Marche à la Piave. — Combat de la Piave** (du 1er-8 mai).

L'Arch. Charles, à la suite des « cinq jours » rappelle l'Ar. J.

Réfléchir à l'importance du principe stratégique d'Economie des Forces, posé par Bon. en 1800, à l'influence du théâtre principal sur le théâtre secondaire.

Dans la nuit du 30 Avril, l'armée autr. abandonne la ligne de l'Alpon, qu'elle occupait, et se met en retraite vers Vicence.

Le Pr. E. donne le 1er Mai des ordres pour la *poursuite* de l'ennemi. C'est à peine une poursuite : « L'A. I. **suivit** l'ennemi mollement et sans tirer aucun parti de la cavalerie et de l'ardeur des troupes » (Gén. LAMARQUE). Le 7 Mai, le Pr. E. *prend position* sur la Piave (rive droite) sans avoir accroché l'ennemi.

Réfléchir aux nécessités offensives de la Poursuite.

Voir comme la *Force morale* a changé de camp...

Le Pr. E. se propose de passer la Piave le 8 Mai. Il se heurte à l'arrière-garde ennemie.

Le Combat de la Piave a les caractéristiques suivantes :

1° Du côté français, linéaire : 4 D^{ons} sont mises en ligne; « on ne trouve pas de direction à part dans *l'alignement* des troupes sur la rive gauche de la Piave ; il n'y a pas de combinaison ».

2° Du côté autrichien, combat d'arrière-garde : Les C. A. reculent sans attendre le choc. Ils se font protéger par leur cavalerie qui « presque seule, arrête la poursuite du Pr. E., si poursuite il y a ».

Vous placer aux côtés du Pr. E. ; le suivre par la pensée ; frémir à la vue de cette inaction... Notre I. G. !

« Que jusqu'à la bataille de la Piave on ait suivi l'ennemi avec circonspection, cela se conçoit, il n'était pas battu ; mais après l'avoir entamé, il ne fallait pas lui donner un moment de répit : le jour, la nuit, il fallait « être à ses trousses » ; il fallait le tourner par des marches sur ses flancs, le prévenir dans les défilés, et mettre à profit la supériorité de la marche française. Le Pr. E. mérite donc les reproches sévères qu'on lui a adressés. A la témérité de son attaque, avec un fleuve derrière lui, succédèrent la lenteur et l'indécision ». (Gén. LAMARQUE).

b) **Marche au Tagliamento. — Combat de San Daniele** (11 mai).

Le 9, l'A. I. continue sa marche vers la Livenza, atteint le 10 le Tagliamento, le traverse (1) le 11.

L'Armée de l'Ar. J. se retire par la Pontebba ; Objet du *Combat du 11 Mai* : « ordre à l'Arrière-Garde de défendre le plus longtemps possible les hauteurs de San Daniele, afin de donner au reste de l'armée le temps de défiler dans la longue vallée de la Fella ».

Combat ordinaire d'Arrière-Garde : « L'ennemi se retira de hauteurs en hauteurs ».

c) **Combat de Tarvis** (17 mai).

La poursuite est continuée « en envoyant des divisions dans les différentes vallées », le gros par la vallée de la Fella.

Pour les conditions morales, matérielles de la marche en avant, voir les § précédents.

Pour la **dispersion,** voir Lettre de Napoléon au Pr. E. du 8 Juin (voir Annexe à la Deuxième Partie).

« 5 rég. autrichiens et plusieurs bataillons croates avaient pris position, avec 24 canons, dans des ouvrages construits en avant du col de Tarvis ».

Le 17, une première attaque échoue dans la matinée. — Une attaque concentrique assez intéressante force les Autrichiens à évacuer leurs ouvrages.

Toujours la défensive battue !

Le 19, l'A. G. entre à Villach.

Bien se rendre compte des difficultés des retraites : l'Armée de l'Ar. J. était cependant victorieuse... Penser à la 2e armée de la Loire.

Le 22, le Pr. E. reçoit de Nap. l'ordre de se porter sur le Danube et d'envoyer Macdonald à Gratz.

---

(1) La Brenta, la Piave, le Tagliamento ont été traversés à gué (ils sont assez profonds), « nos troupes sont un peu fatiguées. Les passages consécutifs et à gué de 3 torrents ont beaucoup attendri les pieds ». (Le Pr. E. à Napoléon.)

Pendant toute cette période de séparation de l'armée du Pr. E. en deux groupes, qu'eût pu faire l'Ar. J. ?

« Vous comprendrez facilement, écrit le Pr. E. à Macdonald, l'importance de réunir promptement l'A. I. en ces points (Gratz-Brück), puisqu'il paraît à peu près certain que toutes les forces autrichiennes se concentrent près de Komorn ».

d) **Combat de San-Michele** (25 mai).

Que faisait cependant l'Ar. J. ?

Il eût voulu empêcher la jonction des A. A. et A. I. ; car « il était mû par le désir de se distinguer en s'isolant » (voir Chapitre 1er, IV, B).

Mais les ordres de son frère étaient formels : **l'Ar. Ch. voulait grouper ses forces pour une action décisive.** Or J. ne pouvait plus marcher sur Vienne occupé ; il devait donc marcher « vers la Hongrie et plus exactement vers l'île Schütt, où il pouvait encore passer le Danube à Presbourg, Raab et Komorn, **pour aller rejoindre l'Ar. Ch.** »

Cependant il décide de ne se porter vers le Danube qu'à la dernière extrémité et pour justifier cette résolution, il ordonne à Chasteler et Jellachich (corps du Tyrol) de se faire jour à travers le Pr. E. et de le rejoindre : Jellachich, dans cette opération, est *écrasé* par la D^{on} Séras à San-Michele devant Léoben (25 Mai).

Réfléchir aux 3 décisions indiquées ; choisir d'après votre tempérament personnel. Voir sur le cas concret le résultat de la décision prise. La rectifier s'il y a lieu.

Deuxième Partie

L'A I. JOINTE A L'A. A.

La **Jonction** est faite le 26 Mai, à midi, à Brück, avec un détachement de l'A. A. (Gén. LAURISTON).

Le Pr. E. arrive le 5 Juin à Œdenburg. Macdonald, le 30, était à Gratz.

L'Ar. J., en recevant les débris de Jellachich, s'est décidé à obéir et s'est retiré par Fürstenfeld sur Raab et Kormond. Il grossit son armée des insurgés hongrois.

Ier ACTE

La Poursuite de l'Ar. J. par l'A. I.

Ordre de l'empereur : « Le Pr. E. entamera la poursuite de l'Ar. J., tandis que le maréchal Davout s'avancera sur Presbourg ».

a) Marche à l'ennemi.

Cette marche est intéressante non pas par elle-même, mais par les conseils donnés par l'Empereur à son beau-fils dans une lettre datée du 6 Juin (Voir Annexe à la Deuxième Partie).

Cette lettre se résume en un mot : « **Marcher toutes forces réunies.** »

Le Pr. E., « fidèle, dit-il, au plan que Nap. lui avait tracé » se met bien à la poursuite de l'Ar.J. « avec l'intention de le placer si possible entre le maréchal Davout, qui était devant Presbourg, et l'A. I. » (il marche sur Guns, Stein-am-Anger, passe le Raab le 9, à Sarvar, donne à Macdonald les ordres indiqués ; celui-ci le rejoint sur la Raab). Mais..... le Pr. E. renvoie Macdonald à Papa et, de nouveau, **disperse ses forces :** Marmont, en marche sur Gratz, a 10.000 h. ; Broussier est devant Gratz avec 7.000 ; Macdonald à Papa avec 8.000. Le Pr. E. a 30.000 h.

« La guerre est un art tout d'exécution..... »

L'Ar. J. a pris position près de Raab avec ses 2 corps (21.000 h.) et les insurgés hongrois (10.000 h.) ; les troupes régulières et les troupes de l'insurrection ont été *mêlées* pour donner de la consistance à ces dernières.

Réfléchir à cet « *amalgame* »;
Le comparer à celui de 1793-94.

b) Bataille de Raab (14 juin).

Préliminaires : Le Pr. E. avec 34.000 fantassins et 10.000 cavaliers

se présente devant la position le 14, à midi ; il a cette fois deux divisions en réserve..... « Au moment où il prit son dispositif d'attaque, le Pr. E. se rappela que Nap. lui avait recommandé de marcher réunis et de ne rien laisser au hasard ». Il rappelle Macdonald.
Penser à Marengo.

Or, Macdonald, de lui-même, s'est mis en mouvement.
Penser à Marengo.

Bataille sans décision : l'A. I. finit par enlever avec beaucoup de peine les deux points d'appui de la ligne autrichienne qui se retire en assez bon ordre.
Penser aux batailles napol.

c) **Les suites de la bataille.**

Pas de poursuite.
Lettre de Nap., le 16 : « Je suppose que le 15 toute votre cavalerie et votre artillerie légère se sont mises à la poursuite de l'ennemi... Vous aurez sans doute mis Macdonald qui est frais, à la poursuite de l'ennemi..... »

Instructions de Nap. à l'A. I., le 16 : prendre Raab — prendre toutes dispositions pour pouvoir « aussitôt Raab pris, *et même sans attendre cette circonstance*, venir à grandes journées sur Ebersdorf ».
Comprendre la portée de cette instruction ; voir Annexe à la Deuxième Partie.

Raab se rend le 24 Juin.
Le 25, l'A. I. se porte sur Komorn pour attirer les Autrichiens vers l'Est.

II° ACTE

A la Bataille : Wagram

Le 29 Juin, le Pr. E. est rappelé sur Ebersdorf, *pour prendre part à la Bataille*.
Comprendre (voir plus haut) la portée de cette décision.

Comprendre la différence dans notre esprit entre la bataille et la Bataille.

Etudier dans n'importe quel cours ou livre l'A. I. à Wagram (6 Juillet).

CONCLUSION

L'I. G. est : Importance du Commandement.
Le Moral.

COMPLÉMENTS A L'ÉTUDE

1° Re-étudier notre Document *en l'illuminant* à l'aide de l'I. G., énoncée *en conclusion*.

2° Cette deuxième étude faite, prendre notre *Plan* de la Campagne (ou Découpage) et *sur* ce plan vivre la campagne *de mémoire,* en éliminant les commentaires, mais en *voyant* les faits *appuyés par eux*.

Après cette triple étude, la campagne doit être parfaitement connue.

ANNEXES

—

Annexe à la Première Partie

Lettre de Nap. au Pr. E. le 30 Avril :

« Mon fils, je vois avec peine que vous avez abandonné la Piave. Vous trouvez étrange que l'ennemi ne s'y soit pas présenté ; j'aurais été étonné qu'il l'eût fait et qu'il ne se fût pas contenté de conquérir en un jour tout le pays de l'Isonzo à la Piave..... Je vois avec peine que vous n'avez ni habitude, ni notion de la guerre. J'ignore encore la situation de mon armée, l'état de mes pertes..... Il est douloureux de penser que, sans raison, tout le Pays entre la Piave et l'Adige ait été pillé par les Autrichiens. La Piave était une assez bonne ligne pour que vous ayez essayé de la garder. Les Autrichiens sont peu accoutumés à faire ainsi la guerre ; aussi ne conçoivent-ils pas que vous ayez abandonné la Piave..... A la guerre, on voit ses maux et on ne voit pas ceux de l'ennemi ; il faut montrer de la confiance..... Le résultat de tout cela est très fâcheux pour moi et pour mes peuples d'Italie.

La guerre est un jeu sérieux dans lequel on peut compromettre sa réputation et son pays; quand on est raisonnable, on doit se sentir et connaître si l'on est fait ou non pour ce métier. Je sais qu'en Italie vous affectez de mépriser Masséna; si je l'eusse envoyé, ce qui est arrivé n'aurait point eu lieu. Masséna a des talents militaires devant lesquels il faut se prosterner..... Je pense que, si les circonstances deviennent pressantes, vous devez écrire au roi de Naples de venir à l'armée... Il est tout simple que vous ayez moins d'expérience de la guerre qu'un homme qui la fait depuis seize ans. Je n'ai point de mécontentement des fautes que vous avez faites, mais de ce que vous ne m'écrivez pas, et que vous ne me mettez point à même de vous donner des conseils et même de régler d'ici vos opérations... Je vous répète donc que je pense qu'à moins que l'ennemi ne se soit déjà retiré, et peut-être même dans tous les cas, il est convenable que vous écriviez au roi de Naples de venir à l'armée, vous faisant un mérite et une gloire de servir sous un plus ancien que vous. »

—

Annexe à la Deuxième Partie

Lettre de Nap. au Pr. E. le 8 Juin :

« Le général Macdonald doit marcher sur le prince Jean *avec toutes ses forces* en ne laissant que ce qui est strictement nécessaire pour bloquer la citadelle (Gratz), *qui tombera par la bataille que perdra le prince Jean.* Il faut manœuvrer de manière que la brigade Colbert et Lauriston soient *tout entiers* à la bataille. Ecrivez au Gén. Montbrun pour qu'il s'y trouve aussi ; ce n'est point une chose à dédaigner que cinq à six régiments de cavalerie légère de plus.....

Je voulais vous faire connaître ce matin que, dans votre poursuite du Prince J. depuis le Tagliamento, vous n'aviez pas marché *assez réuni*, et il pouvait vous arriver des malheurs. En effet, si le prince J. avait concentré ses forces à Tarvis, il était possible que vous ne puissiez le battre. Vous étiez partagé en trois corps : Macdonald, Séras et vous. Le mouvement de Séras était une vraie faute militaire ; la position que l'ennemi avait retranchée à la Chiusa di Pletz devait retarder Séras et c'était une division perdue pour une affaire. J'estime que la colonne du général Macdonald était trop forte, et qu'enfin vous étiez trop faible. Vous sentez que je fais ces observations pour votre règle. *Il faut donc marcher tous bien réunis et point de petits paquets.....* »

ORLÉANS. — IMP. MODERNE

REVUE D'ÉTUDES MILITAIRES

L'*objet* de la *Revue d'études militaires* est le suivant :

1° Permettre aux officiers de toutes armes et de tous services de se tenir au courant de l'évolution des études militaires (abonnement à la Revue);

2° Leur permettre de se livrer *sous une direction* à l'étude d'une ou de plusieurs matières favorites (abonnement à la correction);

3° **Permettre aux Candidats à l'École de Guerre de préparer l'ensemble de leur examen sous une direction qui les guide et les conseille pas à pas** (ancien cours de Préparation à l'École de Guerre).

Les principes directeurs de la *Revue d'études* sont les suivants :

I. — Notre Revue est exclusivement **didactique.** Ce caractère constitue son originalité et sa force.

II. — La Direction restera strictement **pédagogique.** (Voir Bulletins 1, 2, 3, 4 du Cours de Préparation à l'École de Guerre).

III. — Les matières étudiées sont celles du programme d'admission à l'École de Guerre, ce programme groupant objectivement les connaissances nécessaires à l'officier de troupe.

IV. — La **Direction collective** assurée par la Revue sera complétée par des Documents personnels adressés aux abonnés à la correction.

V. — **Les corrections de travaux restent le principal moyen de direction individuelle.**

Adresser tout ce qui concerne la Rédaction, la Revue, la Correction à la *Revue d'études militaires*, 24-26, rue de Lyon, Paris (12e). La Direction n'accepte que des articles nettement didactiques; elle se réserve le droit de corriger ces articles pour les plier à la doctrine générale de la *Revue*. Les manuscrits non insérés ne sont pas rendus. Tous droits de reproduction et de traduction réservés.

Conditions d'abonnement :

Abonnement à la Revue : { 1 an **20** francs. (12 mois).
6 mois **12** francs.

Abonnement à la Correction : (comprend l'abonnement à la *Revue*).

1° *Officiers candidats à l'École de Guerre :* voir Cours de Préparation à l'École de Guerre.

2° *Officiers non candidats à l'École de Guerre :* Écrire au Directeur de la *Revue d'études*; lui exposer le cas particulier.